VERS
DV BALLET
DV ROY.

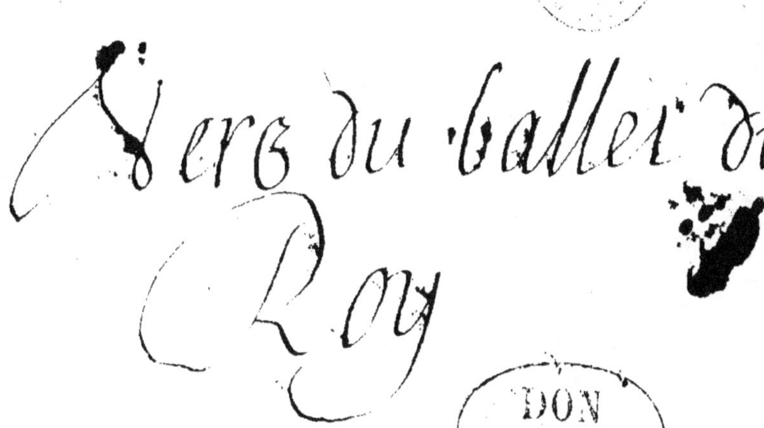

VERS
DV BALLET
DV ROY.

PREMIERE ENTRÉE.

Le Diuertiſſement fait la premiere Entrée, ac-
compagné de quelques-vns de ſes ſuiuants,
qui compoſent vne Muſique d'inſtruments.

LE ROY, *le Diuertiſſement.*

Les Sieurs Moliere, Beauchamp, De Lorge, Du Pron,
Tiſſu, Hitier, Pinel, Pequigny, Garnier, Richard,
Daliſſan, Couperain, Martin le pere, Martin l'aiſné,
Martin le Cadet, La Marre, Varin, Sibert, & S. An-
dré, *Suiuants.*

Pour LE ROY repreſentant *le Diuertiſſement.*

Vous a qui le chagrin déplaiſt infiniment,
Belles, qui n'aueȝ rien que le plaiſir en
    teſte,
Vous ne ſçaurieȝ trouuer de Diuertiſſement
Qui ſoit plus agreable, & qui ſoit plus honneſte:
N'en cherchez point vn autre, arreſtez-vous icy,
Croyez qu'il n'en eſt point qui vaille celuy-cy.

Il est doux, & n'a rien qui lasse & qui dégouste;
Une Reyne apres tout de bon cœur le prendroit,
Mais la dificulté que j'y voy, c'est qu'il couste,
Et que l'on ne peut pas l'auoir comme on voudroit.

Au reste qu'un Amant vous cause une langueur,
Et qu'il tienne en secret vostre ame embarassée,
Ce DIVERTISSEMENT *vous l'ostera du cœur*
Et vous inspirera toute une autre pensee:
Vous ne vistes jamais de changement si promt,
Vos feux seront esteints, vos chaisnes se rompront,
Il faut qu'à son pouuoir toute puissance cede;
Mais de peur d'un abus qui vous seroit fatal,
Je ne vous répons pas aussi que le remede
Ne deuienne à la fin plus cruel que le mal.

II. Entre'e.

Deux Astrologues poursuiuis chacun par son
propre malheur, taschent en vain par
le moyen de leur Art d'attraper
le bon‑heur.

Le Duc Danuille, *le Bon‑heur.* M. Barbau, & S. Fré,
Astrologues. M. Coquet, & le Noble, *Malheurs.*

Le Duc Danuille, representant *le Bon‑heur.*

SI ce n'est toujours malheur
Qu'aymer, c'est toujours douleur;
l'ayme,

J'ayme, & suis le Bon-heur mesme,
Parce que je croy qu'on m'ayme :
Helas ! on m'ayme en effet ;
Cependant ma peine monstre
Que sur terre on ne rencontre
Jamais un Bon-heur parfait.

III. ENTRE'E.

Deux chercheurs de tresors sont joüez par deux
Esprits folets, & enfin rudement battus
par quatre Demons.

Le Comte de Seri, & M. de Rassan, *Esprits.*

M. Caboü, & le Sieur Beauchamp, *Chercheurs de Tresors.*
Le Marquis de Genlis. Les Sieurs Moliere,
De Lorge, & Renald, *Demons.*

Pour le Comte de Seri, & M. de Rassan, representans
deux Esprits folets.

SOmmes nous pas brillans autant qu'on le peut
eſtre ?
Et vous qui nous craignez pendant l'obscurité ;
Ayans tant de justesse & tant d'agilité,
N'apprehendez-vous point de nous voir dispa-
reſtre ?

B

Pour le Marquis de Genlis, repreſentant vn Demon.

LEs Dames ſans frayeur me trouuent ſur leur
        voye,
Ma taille eſt aſſez belle & j'ay l'air aſſez bon;
Auſſi le maſque ſeul empeſche qu'on ne voye
        Par où je ſuis le plus Demon.

IV. ENTRE'E.

Quatre braues Galands ſe battent pour vne
querelle arriuée en la conuerſation qu'ils ont
        euë auecque deux Coquettes.

Le Comte de S. Aignan, & le Sieur Langlois, *Braues.*
Meſſieurs Ioyeux, & la Cheſnaye, *Coquettes.*
M. Bontemps, & le Sieur Bruneau, *Braues Ialoux.*
Mademoiſelle Hilaire, & Mademoiſelle de la Planche,
        Suiuantes des Coquettes.
Chaumont, Ladorée, Des Griottes, Le Page,
        Bonard, & Broüard, *Pages.*
Ambroiſe, & Marteau, *Laquais.*

Pour le Comte de S. Aignan, repreſentant
        vn braue Ialoux.

AYmables Beautez, entre nous
Ie fais ſemblant d'eſtre Ialoux,
De cette paſſion j'ay l'ame dépourueüe,
        Et ne l'a cognois que de veuë:

Mon cœur a toujours eu des sentimens meilleurs,
Et sur ce point là, comme ailleurs,
Je suis trop glorieux pour prendre de personne,
Mais volontiers je donne.

Pour deux Coquettes representées par Messieurs
de la Chesnaye, & Ioyeux,

QVe c'est vn sot commerce ! & qu'on hait
l'entretien
De ces froides Beautez qui ne panchent à rien !
Desirez-vous entrer dans l'ordre des Coquettes ?
Ayez beaucoup d'Amans & les ménagez bien,
Voyla toutes vos preuues faites.

Chanson des Coquettes.

II est vray nos charmes vainqueurs
N'auroient pas trop de tous les cœurs,
Mille Amours nous suiuent sans cesse ;
Et l'embarras nous semble doux,
Quand il est causé par la presse
De ceux qui soupirent pour nous.

Nous aymons à vaincre d'abord,
Et n'est point d'amoureux transport
Contre qui nostre humeur s'irrite :
Aussi selon nos sentimens,
C'est la preuue d'vn grand merite
D'avoir vn grand nombre d'Amans.

Chanson contre les Ialoux.

QVe les *Ialoux* sont importuns!
Et quel malheur d'estre reduite
A la mercy de ces *Tyrans* communs!
Qu'il couste cher de les auoir soumis!
Puisqu'on a toujours à sa suite
Des *Amans* faits comme des *Ennemis.*

Ils sont méchans & soupçonneux,
Il n'est point de bonne conduite
Qui ne paraisse vn crime deuant eux.
Qu'il couste cher, &c.

Dialogue des Coquettes contre les Ialoux qui se battent.

LA PREMIERE.

TOujours ces incensez viennent mal-à-propos.

LA SECONDE

Toujours mal-aisément leur caprice s'apaise.

LA PREMIERE.

Helas! ne sçauroit-on soupirer en repos?

LA SECONDE.

Helas! ne sçauroit-on s'entre aymer à son aise?

TOVTES DEVX.

N'accorde, *Amour,* tréue ny paix
A ces *Amans* nez pour déplaire,
La guerre est juste & necessaire
Si les *Ialoux* y sont deffaits.

Pour

Pour les Pages & les Lacquais des Ialoux
& des Coquettes.

COquettes *&* *Ialoux ont l'œil bien défillé,*
Et leur fuite doit eftre en vigilance experte ;
Comme les Maiftres font à l'erte,
Le Train n'eft pas moins éueillé.

V. ENTRE'E.

Vnze Docteurs , reçoiuent vn Docteur en
afnerie , qui pour meriter cet honneur
fouftient des Thefes dediées
à Scaramouche.

Baptifte , *Scaramouche.*
Lerambert , *l'Afne Docteur dédiant fa Thefe*
à Scaramouche.
Du Mouftier, Lambert, Geoffroy, la Barre l'aifné,
Donc, Grenerin, Des-Airs le Cadet, Vagnac,
Laleu, Bonnard , Broüard, *Docteurs.*

Pour Baptifte Compofiteur de la Mufique du Ballet,
reprefentant Scaramouche.

AVx plus fçauans Docteurs je fçay faire la loy,
Ma grimace vaut mieux que tout leur pream-
Scaramouche en effet n'eft pas fi ridicule , (bule;
Ny fi Scaramouche que moy.

C

VI. Entre'e.

Huit Chaſſeurs vont à la chaſſe
auec des tambours.

Meſſieurs la Cheſnaye, Ioyeux, Cabou, & Barbau,
les ſieurs Verbec, Doliuet. Feurier, & S. Fré.

Pour des Chaſſeurs à grand bruit.

EN Amour, quoy que pourchaſſe
Vn grand crieur, c'eſt ſans fruit ;
Il faut bien pour cette chaſſe
Autre choſe que du bruit :
On ſe gliſſe, l'on s'écarte,
On attend patiemment,
Et l'on va tout doucement
De peur que le Gibier parte.

VII. Entre'e.

Deux Alchimiſtes veulent changer le mercure
en argent, & le ſuccés impreueu de cette en-
trepriſe, donne occaſion à ſix Mercures qui
paroiſſent de ſe mocquer d'eux.

Les Sieurs Beauchamp, & Donc, *Alchimiſtes.*
Le Comte de Seri, & le Marquis de Genlis,
les ſieurs Renald, Dupron, la Marre,
& Toury, *Mercures.*

Le Comte de Seri, *repreſentant vn Mercure.*

Q Ve d'honneur à la beauté
Par qui je ſuis arreſté,
D'auoir oſé l'entreprendre !
Car de mon temperament,
I'échape à qui me veut prendre,
Et me fixe rarement.

Le Marquis de Genlis, *repreſentant vn Mercure.*

V Ous trouuerez en moy plus d'vne qualité,
De l'eſprit, vn peu de bonté,
De l'addreſſe, & par interualle
Quelque lüeur de probité ;
Mais d'y chercher de la beauté,
C'eſt la pierre Philoſophale.

VIII. ENTREʹE.

Six Indiens , & ſix Indiennes baſannez
portant des Paraſols pour ſe defendre
du haſſe.

Le Marquis de Villeroy. Meſſieurs Coquet, & Barbau.
Les Sieurs Moliere , Langlois, & De Lorge.
Indiens.

M. Bontemps. Les Sieurs S. Fré, le Noble,
Verbec, Des-Airs l'aiſné, Des-Airs
le Cadet, *Indiennes.*

Pour les Indiens & les Indiennes portant
des Parasols.

Q*Velle precaution peut-on mettre en vsage*
Contre tant de Soleils dont on reffent l'ardeur,
Quand il ne s'agit plus de fauuer le vifage,
Et qu'il eft queftion de garentir le cœur?

IX. ENTRE'E.

Iean Doucet & fon Frere voulant tromper
quatre Bohemiennes.

Les Sieurs Hance, & Doliuet. *Iean Doucets.*
Meffieurs de la Chefnaye, & Ioyeux.
Les Sieurs Lambert, & Geoffroy,
Bohemiennes.

Pour Iean Doucet & fon frere, *voulant tromper*
des Bohemiennes.

Q*Vand vn homme fait le braue,*
Et fe croit en feureté
Pres d'vne aymable Beauté
Qui tafche à le rendre efclaue,
Et qu'elle employe à cela
Finement tout ce qu'elle a
De charmes & de jeuneffe,
Il eft comme Jean Doucet
Aupres d'vne Larronneffe
Qui foüille dans fon goucet.

DERNIERE

DERNIERE ENTRE'E.

Vne Nopce de Village.

Concert champeſtre de l'Eſpoux.
Les Sieurs Obterre le pere, Obterre fils aiſné, Obterre
le cadet, Piechet, Brunet, Deſcouſteaux,
Deſtouches, Pelerin, Nicolas, & Alais.

Le Marquis de Villeroy, *L'Eſpoux.*
Le Duc Damuille, *L'Eſpouſe.*

Le Macquis de Genlis, & M. Cabou,
Peres des Mariez.
Le Comte de Seri, & M. de Raſſan,
Meres des Mariez.

Parens & Amis des Mariez.
LE ROY.
Le Comte de S. Aignan. M. Bontemps.
Les Sieurs Moliere, Verpré, Langlois, De Lorge,
Bruneau, Des-Airs l'aiſné, Des-Airs le cadet,
Renald, & le Noble.
Les Sieurs Baptiſte, & Beauchamp,

Le Marquis de Villeroy, repreſentant *le Marié.*

ME voila donc Marié,
Mais veu ma taille & mon aage,
Rien ne ſera décrié
Comme mon pauure meſnage,

D

Et comment me comporter
Pour ne pas tant meriter
Qu'on me foüette ou qu'on me gronde?
C'est vn fardeau qu'épouſer,
Et s'il peze à tout le monde,
Ne doit-il pas m'écraſer?

Pour le Duc Damuille, repreſentant
la Mariée,

FAire ainſi l'Eſpouſée, eſt fort peu conuenable
Pour vn pauure Amoureux las de viure en
garçon:
Dieu vueille qu'on en voye vne bien veritable
Qui ſoit de ma façon.

Pour LE ROY, repreſentant vn des Parens
& Amis des Mariez.

DAns nos campagnes il court
Vn bruit ſourd,
Que tous les Beaux de mon âge
Danſent à ce Mariage
Non pas ſi bien que moy, mais de meilleur courage;
A ſon gré chacun diſcourt,
Et l'on en conte au Village
Quelquefois comme à la court.

L'*Amy le plus apparent*
Et Parent,
N'est point fasché ce me semble,
Toute Nopce se ressemble,
Et l'on voit sans chagrin les Mariez ensemble ;
Pourquoy s'aller figurant
Que le nœud qui les assemble
M'incommode en les serrant ?

Pour Monsieur le Comte de S. Aignan, *representant*
vn des Parens & Amis des Mariez.

NOus consentons librement
A ce que feront les autres,
Leurs volontez sont les nostres,
Et je jure hautement
De n'agir point autrement.

FIN DV BALLET.